Und was ist mit Hanna?

Scheidungskindern helfen

Glückliche Scheidungkinder

Psychische Folgen vermeiden

Auflage 2017 Juni
ISBN-13: **978-1973942719**
ISBN-10: **1973942712**

Webseite tbreise.buch-autoren.de
Email: tbreise@tbreise.buch-autoren.de
Impressum:

T.Breise

c/o Autoren.Services

Zerrespfad 9

53332 Bornheim
Gestaltung: Jason Masters Photography
Bilder: shutterstock.com Photography

Newsletter Eintrag für Neuerscheinungen,
bitte per Email Anfrage an:
newsletter@tbreise.buch-autoren.de

T.Breise

Und was ist mit Hanna?

Scheidungskindern helfen

Glückliche Scheidungkinder

Psychische Folgen vermeiden

Inhaltsverzeichnis

Einleitung 7

Scheidung kann die beste Lösung für alle Beteiligten sein 9

Kinder sollten nicht in die passive Opferrolle gedrängt werden 9

Erwachsene tragen die Verantwortung auch in Scheidungssituationen 10

Eine Scheidung ist keine Schande 11

Scheidung löst hohen emotionalen Stress aus 13

Eine Scheidung stellt das Selbstbild und die Perspektiven in Frage 13

Scheidung macht verwundbar und unsicher 14

Kinder brauchen Eltern, die ehrlich zu sich selbst sind 15

Erkennen Sie, dass Sie zwar fehlerhaft aber nicht schuldig sind 16

Verarbeiten Sie die Veränderung mit Ihrem Kind gemeinsam 18

Stehen Sie zum Ende Ihrer Ehe 19

Geben Sie Ihrer Seele den Raum zur Verarbeitung 20

Schützen Sie Ihr Kind vor Ihrer Wut 21

Akzeptanz ist eine Frage der Reife 21

Die Neuorientierung auf stabile Füße stellen 22

Man kann sich nicht von seinen Kindern scheiden lassen 24

Gemeinsame Elternschaft geschieht nicht mehr aus Liebe, sondern aus Respekt 25

Bleiben Sie für Ihr Kind erreichbar 25

Das gemeinsame Sorgerecht ist ein Signal für das Kind 27

Kinder haben keine erwachsenen Bedürfnisse 30

Parentisierung macht Kinder zu kleinen Erwachsenen 30

Ein Kind ist kein Streitgegenstand 31

Kinder erleben keine Scheidung, sondern eine existentielle Bedrohung 32
Kinder haben ein Recht auf bedingungslosen Schutz durch die Eltern 33
Voraussetzungen für kindliches Glücksempfinden 35
Kinder brauchen ein emotionales Nest 35
Kinder brauchen Schutz vor Instabilität 36
Kinder sind keine Mentoren oder Anwälte 38
Das salomonische Urteil gilt auch heute noch 38
Elternliebe bedeutet, dem Kind seine Ganzheit lassen 39
Verstecken Sie sich nicht hinter Alibis 39
Kinder dürfen nicht als Druckmittel missbraucht werden 41
Manipulation des Kindes zahlt sich nicht aus 41
Kinder haben ein Recht darauf, dass die Eltern das Kindeswohl im Blick haben 42
Nutzen Sie die Loyalität Ihres Kindes nicht aus 43
Schädigende Einmischung von außen bitte unbedingt vermeiden 43
Kleinkinder und Scheidung 46
Eltern und Kinder leben in verschiedenen Erlebenswelten 46
Spielen Sie mit offenen Karten. 47
Lassen Sie sich nicht aus der Ruhe bringen 48
Es gibt auch ein Leben neben der Scheidung 48
Schulkinder und Scheidung 50
Kinder brauchen ihren eigenen Raum zum Reifen 50
Jugendliche und Scheidung 52
Scheidung stört das Weltbild von Teenagern 54
Schlusswort 56
Email Newsletter 57
Gratis Ebook zum schmökern 58

Einleitung

Eine Scheidung ist immer ein großer Einschnitt in das Leben aller Beteiligten. Wenn ein Paar eine Verbindung eingeht und die Ehe schließt, geht es davon aus, dass diese Ehe Bestand haben wird. Die Entscheidung, miteinander Kinder zu bekommen, ist ein sicherer Hinweis drauf, dass beide Partner ihre Liebe für stark genug halten, um eine lange Zeit, vielleicht sogar ein ganzes Leben, miteinander zu leben. Doch die Realität sieht meist vollkommen anders aus. Menschen verändern sich. Damit verändern sich auch die Beziehungen. Manchmal sind diese Veränderungen so stark, dass eine Fortsetzung der Ehe nicht mehr möglich ist. Wenn alles versucht wurde und selbst eine Paartherapie und ein Trennungsjahr nicht mehr dazu führen, dass die beiden Partner einen neuen Anfang wagen können, bleibt nur die Scheidung als Ausweg.

Scheidung ist weder Versagen noch Schuld

Das ist ein Prozess, der nicht durch Versagen oder Schuld hervorgerufen wird. Unsere moderne Welt hat die Rahmenbedingungen für Beziehung und Ehe verändert. Es gibt kaum noch Sachzwänge, die zu einer Heirat führen. Jedes Individuum darf allein leben und kommt auch gut alleine durch die Welt. Dadurch wird das einzige Bindeglied zwischen zwei Menschen allein die Liebe. Für das Gefühl der Liebe gibt es aber keine Garantie. Die Liebe kann schwinden oder sich in eine

Freundschaft umwandeln, die für eine echte Beziehung nicht mehr ausreicht. Eine Scheidung ist der Ausweg aus einer langweiligen Zweckgemeinschaft.

Scheidung kann die beste Lösung für alle Beteiligten sein

Wenn die Beziehung gar so schlecht wird, dass regelmäßige Konflikte und lautstarke Auseinandersetzungen das alltägliche Leben begleiten, ist die Scheidung nicht nur ein möglicher Ausweg aus der festgefahrenen Situation, sondern sogar eine Notwendigkeit. Kinder werden durch die Störungen zwischen ihren Eltern extrem belastet. Ein Elternhaus, in dem Streit und Aggression die Stimmung beherrschen, belastet Kinder sehr. Ein Kind, das in einer aggressiven Umgebung aufwächst, wird in seiner Entwicklung behindert. Es leidet unter der Anspannung und zeigt häufig ein auffälliges Verhalten, schlechte Schulleistungen oder Essstörungen und andere schädliche Entwicklungen. Eine negative Familienatmosphäre ist keine Nestwärme, wie ein Kind sie braucht.

Kinder sollten nicht in die passive Opferrolle gedrängt werden

Damit die Scheidung für die betroffenen Kinder möglichst gut verarbeitet werden kann, können die Erwachsenen viel unternehmen. Vor allen Dingen sollten Vater und Mutter nicht nur sich allein betrachten. So, wie Eltern für das Essen und das Schlafen eines Kindes sorgen sollten Sie unbedingt auch darauf achten, dass das Kind keinen emotionalen Mangel erlebt. Das Kind hat sich weder seine Eltern ausgesucht noch deren Konflikte. Es ist ein unbeteiligt und nur passiv betroffen. Das Kind braucht Hilfe, um die Situation aktiv zu bewältigen. Wenn es diese Hilfe erfährt, wird es sich nicht übergangen und nicht als Opfer fühlen. Durch aktive Verarbeitung lernt das Kind, mit Enttäuschung und Scheitern auch im späteren Leben umzugehen.

Erwachsene tragen die Verantwortung auch in Scheidungssituationen

Eltern haben immer den Schutz ihres Nachwuchses im Blick, das gilt auch für die Situation einer Scheidung. Trennen Sie unbedingt vom ersten Moment an die Elternschaft von der Partnerschaft. Nur so kann Elternschaft erhalten bleiben, obwohl die Partnerschaft aufgelöst wird. Bleiben Sie zu 100 Prozent Mutter und Vater für Ihren Nachwuchs. Es gibt keinen Grund dafür, dass nur Liebespaare eine gemeinsame Elternschaft leben können. Behalten Sie dabei auch die Harmonie zwischen sich als Eltern im Blick. Vergessen Sie nicht, dass der andere ein Teil Ihres geliebten Kindes ist. Dafür schulden Sie sich gegenseitigen Respekt und Anerkennung.

Zum Umgang mit diesem Buch

Scheidung ist ein komplexes Thema. Sie können nicht einfach ein Buch lesen und alles ist gut. Am Ende jedes Kapitels finden Sie praktische Hinweise, die Sie meist ohne große Mühe in Ihren Alltag als Eltern einbauen. Am Ende sind die Kernaussagen des Kapitels noch einmal für Sie notiert. Für alle, die sich regelmäßig an das Gelesene erinnern wollen, sind diese kurzen Thesen gut geeignet, um das Bewusstsein auf den Kern der Aufgabe zu lenken: Schutz des Kindes vor Schaden. Jedes Kapitel endet mit einer Affirmation für die Eltern. (Affirmation ist ein ausgesprochener positiver Satz, der Ihr Denken und Ihr Bewusstsein positiv beeinflusst). Denn die Frage, ob ein Kind glücklich oder unglücklich ist, hängt immer auch vom Selbstbewusstsein und vom Glück der Eltern ab. Arbeiten Sie an sich, das ist das Beste, was Sie Ihrem Kind geben können. Nutzen Sie die Affirmation, die in Ihre Situation am besten passt. Verwenden Sie nie mehr als drei Affirmationen gleichzeitig. Notieren Sie die Affirmationen und sprechen Sie sie immer zur gleichen Tageszeit. So kann sie zu Ihrem persönlichen Mantra werden

•

Eine Scheidung ist keine Schande

Unsere Gesellschaft gibt sich den Anschein, aufgeklärt, liberal und modern zu sein. Doch in der Realität sieht es anders aus. Der Einzelne nimmt diese vermeintliche Liberalität im praktischen Leben oft nicht wahr. Scheidung ist in unserer Gesellschaft keine Normalität, obwohl die Statistiken eine andere Sprache sprechen. Spätestens, wenn eine Ehe in die Brühe geht, wirken in vielen Menschen, selbst in den religionslosen, katholische Moralvorstellungen. Scheidung gilt eher ein hässlicher Unfall und vor allem als ein Vorkommnis, das um einen hohen Preis zu verhindern ist.

Scheidung löst hohen emotionalen Stress aus

Wer behauptet, eine Scheidung würde ihn nicht belasten, macht sich und anderen etwas vor. Für Psychologen wiegt einen Scheidung fast so belastend wie der Tod eines Partners. Sie erhöht den Stressfaktor eines Menschen erheblich. Außerdem ist Scheidung oft für mindestens einen Partner, aber meistens sogar für beide, mit einem erheblichen finanziellen Fiasko verbunden. Hinzu kommt, dass einer oder beide Partner das vormals gemeinsame soziale Umfeld verlieren. Dabei spielt es keine Rolle, wer die Scheidung herbeiführt. Es geht um einen großen Abschied.

Eine Scheidung stellt das Selbstbild und die Perspektiven in Frage

Die Visionen, die für die gemeinsame Zukunft gemacht wurden, zerplatzen, wenn ein Paar sich trennt. Die gemeinsamen Ziele, Hoffnungen und Pläne lösen sich meist für beide Partner in Luft auf. Auch die Sichtweise auf die eigene Person verändert sich. Nicht nur den Partner hat man falsch eingeschätzt, offensichtlich hat man auch sich nicht richtig gesehen. Das eigene Selbstbild muss korrigiert werden, offensichtlich ist man gar nicht so beziehungsfähig wie gedacht. Fast alle

Rituale und Sicherheiten werden mit der Scheidung zu Grabe getragen.

Scheidung macht verwundbar und unsicher

Dabei spielt auch die emotionale Sicherheit eine große Rolle. Ein starker emotionaler Rückhalt, wie Paare ihn sich gegenseitig geben, fehlt plötzlich im Leben. Nicht ohne Grund zieht es frisch geschiedene Menschen oft zurück ins Elternhaus. Der Glaube an die eigene Menschenkenntnis bekommt einen echten Knacks. Das hätte man dem Partner nie zugetraut. In einer Scheidungssituation kommt das gesamte Selbstbild ins Wanken, die Betroffenen verstehen oft die Welt nicht mehr. Wer hier cool wirken will und vorgibt, sich schnell wieder zu fangen oder gar mit der Scheidung glücklich zu sein, täuscht sich und andere bewusst. Eine Scheidung ist eine Verletzung des Vertrauens in sich selbst und in die Bezugsperson. Dieses Erlebnis lässt Ängste entstehen, die erst langsam verarbeitet und abgebaut werden müssen, bevor die Welt wieder in Ordnung sein kann.

Kinder brauchen Eltern, die ehrlich zu sich selbst sind

Es ist eine persönliche Angelegenheit, sich selbst zu betrügen. Doch sobald Kinder betroffen sind, ist das nicht mehr möglich. Denn die Kinder werden ihre Eltern immer wieder daran erinnern, dass etwas nicht in Ordnung ist. Verarbeiten Sie Ihren Kindern zuliebe den ersten Schock und gestehen Sie sich ein, dass Sie nicht glücklich sind. Erleichtert vielleicht, glücklich nein. Nur wenn Sie ehrlich zu sich selbst sind, können Sie für Ihre Kinder ein Halt sein.

Erkennen Sie, dass Sie zwar fehlerhaft aber nicht schuldig sind

Behalten Sie im Auge, dass eine Scheidung keine Schande ist. Sie beweist, dass Ihnen und Ihrem Partner die Kompetenzen gefehlt haben, um eine dauerhafte Beziehung zu führen. Das ist eine Schwäche, die Sie sich und Ihrem Partner verzeihen sollten. Das Leben ist ein Lernprozess. Sie tragen keine Schuld daran, dass Sie im Bereich der Beziehungspflege nicht perfekt sind. Sie müssen noch einiges lernen und das werden Sie. Aber schuldig sind Sie nicht. Erst, wenn Sie begreifen, dass es keine Schuld zu verteilen gibt, können Sie davon Abstand nehmen, die Schuld für das Scheitern der Ehe auf Ihren Partner zu schieben. Und erst dann können Sie als getrennte Partner eine gemeinsame Elternschaft übernehmen.

Tipps für die Praxis

So schlimm die Situation auch ist, Sie können Ihrem Kind das Beste geben, was ein Kind bekommen kann. Schieben Sie keine Schuld auf den Partner. Erklären Sie Ihrem Kind altersgerecht, dass auch Beziehung gelernt werden muss. Bieten Sie dem Kind altersgerechte Beispiele aus Schule oder Kindergarten. Analysieren Sie die Konflikte, die das Kind mit Altersgenossen erlebt und weisen Sie darauf hin, dass es nicht leicht ist, mit allen Menschen gut auszukommen. Erlauben Sie Ihrem Kind, dass es Kritik am Umgang zwischen Ihnen und dem anderen Elternteil übt. Wenn das Kind einbezogen wird, bekommt es Möglichkeiten, aktiv und bewusst mit der Situation umzugehen. So wird ihm eine Opferhaltung erspart.

In Kürze

Es gibt keine Schuld, wenn eine Ehe zerbricht. Akzeptieren Sie, dass Sie, egal wie alt Sie sind, die Reife und Kompetenz für eine dauerhafte Beziehung noch nicht aufbringen. Lernen Sie. Bleiben Sie Ihrem Kind gegenüber offen und erlauben Sie ihm Kritik an seinen Eltern.

Affirmation für Eltern, die Ihre Kinder glücklich aufwachsen lassen wollen

Ich werde lernen, stabile und lebendige Beziehungen aufzubauen. Jeden Tag steigere ich meine Kompetenzen. Meinem Kind/ meinen Kindern kommt das zugute.

Verarbeiten Sie die Veränderung mit Ihrem Kind gemeinsam

Wenn Sie zu Ihrer Entscheidung zur Scheidung stehen und sie akzeptieren, gehört sie zu Ihnen und Sie erleben sich nicht als Opfer. Nehmen Sie das Scheitern an. Mehr als ein Scheitern ist es nicht. Dabei soll dieses Scheitern nicht heruntergespielt werden. Sie kennen sicher die Aussage „Hinfallen ist kein Problem, liegen bleiben schon." Genau das ist wichtig für Kinder. Ohnmächtige Eltern lösen Ängste und Unsicherheiten in Kindern aus. Kinder in einer Scheidungssituation sind in Gefahr. Eine bedeutende Gefahr ist die Parentisierung der Kinder. Wir werden in einem der späteren Kapitel noch näher auf dieses Thema eingehen. Sie alle, die Eltern und die Kinder, befinden sich in einer emotionalen Schocksituation. Verarbeiten Sie diese Situation gemeinsam, denn Eltern und Kinder gehören zusammen.

Um das Thema Trennung mit jüngeren Kind besprechen zu können kann man auf Hilfsmittel zurückgreifen.

Manchen Kindern hilft es die Erlebnisse von aussen betrachten zu können, falls es emotional sehr schwer fällt das geschehene zu verarbeiten. z.B. durch ein Buch mit einer Geschichte, in welcher es um eine Trennung geht und sich das Kind dem ganzen Thema so nähern kann, und versteht was genau passiert ist.

Ein Buch wie: "Fips versteht die Welt nicht mehr" ist hier eine sehr gute Hilfe, um das Thema mit dem Kind zu bewältigen.

Stehen Sie zum Ende Ihrer Ehe

Nur eines schon an dieser Stelle: Stehen Sie zum Ende Ihrer Ehe. Nur wenn Sie sich nicht als Opfer fühlen, können Sie Ihre Leben weiter selbst bestimmen. Und nur dann können Sie auch eine aktive Elternschaft ausleben. So schwer es Ihnen fällt, akzeptieren Sie Ihre Situation. Wenn eine Beziehung scheitert, muss die Seele den Schmerz verarbeiten. Wenn Sie denken, Sie hätten keinen Schmerz, belügen Sie sich wahrscheinlich selbst, um das Problem nicht an sich heranzulassen.

Geben Sie Ihrer Seele den Raum zur Verarbeitung

Die Verarbeitung von Lebenskrisen verläuft immer nach dem gleichen Schema. Zuerst muss der Verlust betrauert werden. Diese Phase ist von Trauer und Depression begleitet. Aber es ist wichtig, dass Sie diese Phase bewusst und aktiv erleben. Wenn Sie den Schmerz verdrängen, kann er nicht heilen und im schlimmsten Fall mündet er in eine chronische Erkrankung. Damit ist weder Ihnen noch Ihrem Kind geholfen. „Augen zu und durch" ist nicht der richtige Weg im Rahmen einer Scheidung. Geben Sie sich der Traurigkeit hin, ohne die Kontrolle zu verlieren. Schreiben Sie ein Tagebuch oder schließen Sie sich einer Selbsthilfegruppe für allein erziehende Eltern an. Wenn die erste Phase der Verarbeitung korrekt abgeschlossen ist, beginnt die zweite Phase, die Phase der Aggression. Sie werden wütend auf sich, auf den Partner, auf die ganze Welt. Auch das ist normal und gehört zur Verarbeitungskette. Lassen Sie Ihr Kind mit den Gefühlen in Ruhe, die in Ihnen auftreten. Ihr Kind muss seine eigene Problemsituation verarbeiten. Die Schritte sind identisch, aber ihr Kind hat andere Probleme. Akzeptieren Sie Ihre Wut und suchen Sie sich Möglichkeiten, die Wut abzubauen.

Schützen Sie Ihr Kind vor Ihrer Wut

Nutzen Sie dafür keinesfalls Ihr Kind. Das Kind ist betroffen, nicht schuldig. Viele Kinder sehen sich insgeheim als Ursache für die Scheidung der Eltern. Das ist schrecklich, kann aber vorkommen. Das Kind sucht nach Gründen. Wenn die Erwachsene nicht mit dem Kind sprechen, sucht das Kind die Schuld bei sich. Schließlich wird es sich daran erinnern, dass es den Vater immer bei der Tagesschau gestört hat. Es wird sich daran erinnern, dass die Mutter ärgerlich über die verschüttete Milch war. Wenn dem Kind keine reale Erklärung für den Konflikt und die Trennung der Eltern gegeben wird, wird es sich selbst einen ausdenken.

Suchen Sie sich ein Ventil für Ihre Wut und begreifen Sie, dass Sie auch auf sich selbst wütend sind. Schließlich ist Ihnen eine Enttäuschung widerfahren. Sie haben sich selbst nicht ausreichend geschützt.

Akzeptanz ist eine Frage der Reife

Erwarten Sie nicht von sich, dass Sie das Ende Ihrer Ehe im Handumdrehen verarbeiten können. Eine Scheidung kann niemand abschütteln wie ein Pudel das Regenwasser. Nach den Phasen Trauer und Wut kommen die Betroffenen, also beide Eltern und alle Kinder, in die Phase der Akzeptanz. Diese Phase bringt Erleichterung, denn sie ist gekennzeichnet von Klarheit und innerer Ruhe. Sie akzeptieren, dass Sie Single sind. Ihre Kinder können die neue Situation als Lebenskonzept annehmen. Denn während Erwachsene meist eine neue Beziehung eingehen können und neues Glück finden, haben die Kinder die letzte Chance darauf verloren, mit Vater und Mutter gemeinsam in einem Verbund zu leben. Kinder können das akzeptieren. Wenn die Eltern dabei helfen, indem sie Eltern bleiben, lernt das Kind ein alternatives Lebenskonzept kennen, das durchaus glücklich machen kann, obwohl es nicht mit den konservativen Haltungen der Gesellschaft übereinstimmt.

Die Neuorientierung auf stabile Füße stellen

Wenn Eltern bereit sind, sich neu zu orientieren, dann sollten sie die Scheidung verarbeitet haben. Denn sonst ist das Risiko groß, dass es nur um Flickwerk geht. Dann wird schnell eine neue Familie gebastelt, das Kind wird eingebaut und früher oder später bricht alles zusammen. Solche Entwicklungen verlaufen immer auf Kosten der Kinder also sollten Eltern die Finger davon lassen. Verlangen Sie von Ihrem Kind nicht, dass es einen neuen Papa oder eine neue Mama annimmt. Eltern sind nicht ersetzbar. Kinder können glückliche Scheidungskinder sein. Und sie können ein gutes Verhältnis zu den neuen Partnern der beiden Elternteile aufbauen. Lassen Sie nicht zu, dass ein Kind seine eigene Geschichte verleugnen muss, damit die Eltern „heile Welt" spielen können.

Tipps für die Praxis

Lassen Sie sich und Ihrem Kind Zeit, jede einzelne Phase der Verarbeitung ausgiebig zu erleben. Erlauben Sie allen Beteiligten, Trauer und Wut zu leben, ohne dabei einen anderen oder sich selbst zu schädigen.

In Kürze

Ohnmächtige Eltern lösen Ängste und Unsicherheiten in Kindern aus. Vor der Neuorientierung sollten Trauer, Wut und Akzeptanz durchlebt werden.

Affirmation für Eltern von glücklichen Scheidungskindern

Ich gebe meiner Seele die Zeit, die sie braucht, um sich auf einen neuen Anfang vorzubereiten.

Man kann sich nicht von seinen Kindern scheiden lassen

Sicher fällt es schwer, den Menschen zu verlieren, dem man einmal sein ganzes Leben anvertrauen wollte. Ein Paar verbindet sich nicht zum Spaß. Die Ehe war wahrscheinlich wohl überlegt, denn heute gibt es keinen Heiratszwang mehr. Gemeinsame Kinder sind oft ein zusätzliches Bindeglied zwischen Liebenden. Es gibt wohl keine Mutter, die in ihrem Kind nicht den geliebten Partner sieht. Und jeder Vater wird in seinem Kind die Mutter sehen. Wenn sich ein Vater und eine Mutter trennen, dann trennen sie sich als Erwachsene voneinander. Übrig bleiben meist zwei Singles, die in Zukunft eine Weile allein durch das Leben gehen. Aber diese Singles sind nicht kinderlos. Beide Partner bleiben Eltern. Die Elternschaft muss weiterhin gemeinsam gelebt werden. Dabei kommt es vielleicht erst durch die Scheidung dazu, dass die beiden sich bewusst Gedanken zu ihrem Dasein als Eltern machen. In der Familienkonstellation „Vater-Mutter-Kind" ist es oft sehr leicht, miteinander für ein Kind zu sorgen. Es handelt sich um eine gewachsene Struktur. Und wenn einmal Uneinigkeit herrscht, finden verbundene Eltern schnell eine Lösung, weil die Liebe sie zu Kompromissen befähigt.

Gemeinsame Elternschaft geschieht nicht mehr aus Liebe, sondern aus Respekt

In einer Scheidungssituation fehlt dem Elternpaar die Komponente der gegenseitige Liebe. Oft spielen Streitthemen eine große Rolle. Das Paar muss erst wieder lernen, sich mit gegenseitiger Wertschätzung zu begegnen. Und dieser Lernschritt muss an erster Stelle stehen und sehr schnell erfolgen. Er ist wichtiger als die Teilung der Haushaltsgegenstände und die Regelung des Hausverkaufs. Schließlich brauchen Kinder Eltern, die miteinander umgehen können. Darauf können sie nicht warten. Schon gar nicht, wenn eventuell Umzüge, Schulwechsel oder ähnliches die kindliche Welt zusätzlich erschüttern. Eltern können sich nicht von ihren Kindern scheiden lassen. In der Ausübung und der Emotionalität von Vaterschaft oder Mutterschaft darf es streng genommen nicht einen einzigen Augenblick der Pause geben.

Bleiben Sie für Ihr Kind erreichbar

Wenn Ihr Kind Sie beide bisher täglich greifbar hatte, muss das auch so bleiben. Sollte bereits ein neuer Partner in den Startlöchern stehen, machen Sie deutlich, dass Sie Single mit Kind sind. Sie sind nicht vollkommen frei. Die Verantwortung für die körperliche, geistige und seelische Unversehrtheit Ihres Kindes bleibt Ihnen auch nach der Scheidung vom anderen Elternteil uneingeschränkt erhalten.

Ein Kind lebt auf seelischer Ebene von dem Wissen darum, dass es beiden Eltern willkommen war und ist. Sollte das Kind daran Zweifel bekommen, weil ein Elternteil sich zurückzieht, kann das nachhaltige Folgen für die Entwicklung und für das gesamte Leben als Erwachsener haben. Bleiben Sie dem Kind also, so schwer es Ihnen fallen mag, liebevoll und zugewandt. Die Tatsache, dass die Eltern das Kind bisher geliebt haben, muss sich nicht ändern. In Zukunft liebt der Vater das Kind weiterhin und die Mutter liebt das Kind weiterhin. Sie zeigen das Gefühl nur nicht mehr gemeinsam. Die Eltern, nicht das Kind, müssen damit klar kommen, dass sie es eben nicht mehr gemeinsam tun, sondern voneinander getrennt. Am Gefühl muss das nichts ändern.

Das gemeinsame Sorgerecht ist ein Signal für das Kind

Teilen Sie das Sorgerecht. Wenn einer der beiden Eltern freiwillig auf das Sorgerecht verzichtet, kann das zu einem Drama für das Kind werden. Denn mit einem solchen Verzicht gibt man zwar nicht seine Pflichten aber alle Rechte als Elternteil auf. Unterhalt und Umgang ist auch ein Elternteil ohne Sorgerecht dem Kind schuldig. Doch stellen Sie sich vor, was das Kind fühlt, wenn es davon erfährt. Das Sorgerecht aufzugeben oder zu verwirken bedeutet, keinen Anteil mehr am Leben des Kindes nehmen zu wollen. Für das Kind ist das eine harte Absage. An dieser Stelle folgt ein Hinweis an alle Eltern, die sich vollkommen miteinander zerstritten haben. Stellen Sie sich darauf ein, dass Ihr Kind zwei Eltern hat. Lassen Sie den Partner, und wenn Sie auch noch so wütend sind, einen ungestörten Kontakt zum Kind leben. Sie schaden dem Kind, wenn Sie Ihre Konflikte auf seine zarten Schultern laden. Sie haben den Falschen geheiratet, machen Sie nicht andere dafür verantwortlich.

Tipps für die Praxis

Suchen Sie sich eine Eheberatung oder einen Mentor (das kann der Hausarzt der Familie oder auch ein Seelsorger sein), der Ihnen hilft, einen Plan für die gemeinsame Elternschaft aufzustellen. Machen Sie sich – jeder für sich allein – klar, welchen Platz das gemeinsame Kind oder die gemeinsamen Kinder in der Zukunft in Ihrem Leben einnehmen sollen. Besprechen Sie die Betreuungszeiten für die Kinder und gehen Sie nicht davon aus, dass nur eine Person für die alltäglichen Sorgen des Kindes Verantwortung trägt. Sorgen Sie dafür, dass beide Eltern täglich Kontakt zum Kind haben. Mit den modernen Medien ist das kein Problem. Das getrennt lebende Elternteil könnte zum Beispiel jeden Abend einen „Gute-Nacht-Anruf" tätigen. Auf diese Weise wird die neue Familiensituation für das Kind „anders" aber nicht unbedingt mangelhaft.

In Kürze

Beide Partner bleiben Eltern. Die Elternschaft muss weiterhin gemeinsam gelebt werden.

Die Verantwortung für die körperliche, geistige und seelische Unversehrtheit Ihres Kindes bleibt Ihnen auch nach der Scheidung vom anderen Elternteil uneingeschränkt erhalten.

In Zukunft liebt der Vater das Kind weiterhin und die Mutter liebt das Kind weiterhin. Sie zeigen das Gefühl nur nicht mehr gemeinsam.

Sie schaden dem Kind, wenn Sie Ihre Konflikte auf seine zarten Schultern laden.

Affirmation für Eltern von glücklichen Scheidungskindern

Ich sorge dafür, dass mein Kind bekommt, was es braucht. Damit lege ich den Grundstein für eine stabile Beziehung zwischen uns.

Kinder haben keine erwachsenen Bedürfnisse

Erwachsene haben mitunter seltsame Vorstellungen davon, welche Bedürfnisse Kinder haben. Sie projizieren ihre eigenen Wünsche, Vorstellungen und Gefühle auf den Nachwuchs. Das ist sehr gefährlich und wird den Kindern in keiner Weise gerecht. Kinder brauchen Zeit und Raum für Entwicklung. Außerdem brauchen Sie Erwachsene, auf die sie sich verlassen können. Sie brauchen keinen Güterausgleich und keine Informationen über Papas Neue oder Mamas Rachegedanken. Je jünger die Kinder sind, umso weniger können sie damit umgehen. Sie werden schlichtweg auf eine sehr egoistische Art und Weise von den Eltern überfordert.

Parentisierung macht Kinder zu kleinen Erwachsenen

Ihr Kind braucht keinen Partner in seinen Eltern. Da liegt ein großes Gefahrenpotential im Umgang mit einem Kind. Wenn Sie den Vater des Kindes als einen skrupellosen Mistkerl empfinden, dann ist das Ihr persönliches Empfinden einem Partner gegenüber. Ihr Kind kann das ganz anders sehen. Denn wie Sie einen

Menschen als Partner erleben, zeigt ihnen nicht, wie dieser Mensch als Vater wahrgenommen wird. In diese Struktur können wir nur mit unseren eigenen Eltern gehen. Überlassen Sie das Urteil über seinen Vater oder seine Mutter bitte dem Kind selbst. Wenn Sie Ihr Kind in Ihren Beziehungskonflikt einbeziehen, wird es parentisiert. Das bedeutet, es wird zu einem Erwachsenen gemacht, der seine Eltern versteht und vielleicht sogar tröstet. Experten sprechen manchmal sogar von einer Form von seelischem Missbrauch des Kindes durch die Eltern.

Ein Kind ist kein Streitgegenstand

Gehen Sie nicht in einen Konkurrenzkampf um das Kind. Erwachsene wollen in Scheidungssituationen nicht selten Rache üben oder sich durchsetzen. Das Kind hat vollkommen andere Bedürfnisse. Es will sein Nest behalten und seine beiden Eltern. Wenn Sie das Kind regelmäßig fragen, was es sich wünscht, könnten Sie zur Antwort bekommen: „Einen Besuch im Zoo“. Oder das Kind wünscht sich ein Eis oder ein Spielzeug. Erwachsene neigen dann dazu, dem Kind zu unterstellen, dass es nichts versteht. „Er/ Sie ist zu jung, sie versteht das Problem noch nicht.“ Erwachsene finden schnell eine passende Antwort. Doch sie irren sich gewaltig. Das Kind hat gar nichts zu verstehen. Es hat einfach nicht die gleichen Sorgen wie Mutter und Vater.

Kinder erleben keine Scheidung, sondern eine existentielle Bedrohung

Es war nicht verheiratet, folglich hat es keine Scheidung zu verarbeiten. Das Kind hat eine andere Erlebniswelt als die Eltern. Das ist auch bei Kinder so, die in einer intakten Familie leben. Eltern müssen das begreifen und vor allen Dingen respektieren. Denn sonst könnte das Kind sich äußern „Meine Eltern verstehen mich nicht.“ Im Fall einer Krise hilft es Eltern, sich einmal deutlich vor Augen zu halten, welche Motivationen und Bedürfnisse den Nachwuchs bewegen. Sie dürfen davon ausgehen, das die folgenden Aspekte für Ihr Kind wichtig ist, je nach Alter und Persönlichkeit des Kindes gibt es noch individuelle Ausprägungen. Für alle Heranwachsenden jedoch ist die folgende Liste zutreffend:

- Eltern, die das Kind kompromisslos annehmen
- Schutz vor Überforderung
- Raum für Entwicklung und Reife

Kinder haben ein Recht auf bedingungslosen Schutz durch die Eltern

Welche Sorgen Eltern auch haben, das Kind hat immer und bedingungslos ein Recht darauf, geschützt zu werden. Böse Streitigkeiten und hässliche Vorwürfe, die Eltern sich gegenseitig machen, sind in jedem Fall vom Kind fernzuhalten. Das Kind ist ein Beweis dafür, dass die Eltern einmal glücklich genug miteinander waren, um eine intime Beziehung einzugehen. Wenn sich die Eltern das vor Augen halten, kann Ihnen das helfen, einen realistischeren Blick auf die Situation zu wahren. Der offene und faire Umgang miteinander hilft den Eltern außerdem, die Trennung besser zu verarbeiten.

Tipps für die Praxis

Planen Sie gemeinsame Elternschaft ganz konkret. Vereinbaren Sie gemeinsame Unternehmungen. So kann das Kind die Sicherheit aufbauen, dass beide Elternteile keine Konflikte hinsichtlich der Elternschaft ausleben.

In Kürze

Kinder haben Sorgen, wenn eine Scheidung über ihr Leben hereinbricht. Aber die Sorgen des Kindes sind nicht mit denen der Eltern zu vergleichen.

Affirmation für Eltern von glücklichen Scheidungskindern

Weil ich mein Kind liebe, beschütze ich vor Belastungen, die es nicht tragen kann.

Voraussetzungen für kindliches Glücksempfinden

Wenn Eltern ihre Kinder kennen, dann wissen sie, was ihre Kinder glücklich macht. Wenn Eltern ihre Kinder lieben, wissen sie, dass sich die Bedürfnisse regelmäßig verändern. Braucht ein Kind eine Weile Halt und Geborgenheit, wünscht es sich in der nächsten Phase Freiraum und Förderung. Menschen werden, ganz einfach gesagt, glücklich, wenn Sie Verbundenheit und Wachstum erleben können. Gerade aus diesem Grund ist die Auflösung einer Verbindung immer eine mittlere bis größere Tragödie. Sie können die Verbundenheit zwischen sich als Liebespaar nicht aufrecht erhalten, doch die jeweilige Verbundenheit zwischen sich und dem Kind oder den Kindern muss nicht darunter leiden.

Kinder brauchen ein emotionales Nest

Was Kinder immer brauchen, ist ein emotionales Nest. Damit ist nicht ein Kinderzimmer mit rosa Tapete oder Autopostern gemeint. Auch der Preis der Möbel und Gardinen spielt keine Rolle. 1000 Plüschtiere machen eine gefühlskalte oder verletzende Kindheit nicht warm und herzlich. Zu einem emotionalen Nest gehört für Kinder auch eine gewisse Portion Sorgenfreiheit und

Zugehörigkeit. Ich habe Scheidungskinder gesehen, die morgens um sieben nicht wussten, ob sie abends beim Vater, bei der Mutter oder bei einer der Großmütter übernachten sollten. Eine Scheidung ist schlimm und bringt viele Aufgaben mit sich. Doch sie ist keine Katastrophe, die nicht bewältigt werden kann. Die Sorge für das Wohl der Kinder können Eltern trotz Scheidung übernehmen. Hier heißt das Zauberwort „Selbstdisziplin".

Kinder brauchen Schutz vor Instabilität

Geben Sie Ihrem Kind Stabilität. Einigen Sie sich als Eltern darauf, wer genau für das Kind zuständig ist, wenn es aus der Schule nach Hause kommt. Beide Eltern sollten ein Kinderzimmer einrichten, denn das Kind kann nicht der Gast im Elternhaus sein. In beiden Haushalten sollte das Kind eine deutlich erkennbare Präsenz haben. Ein Stundenplan an der Küchenwand, Fotos vom Kind, eine Lieblingstasse für den morgendlichen Kakao sollte beim Vater und bei der Mutter vorhanden sein. Eine schöne Idee ist der Familienkalender. In diesem Kalender tragen Familienmitgliedern ihre Termine und Aufgaben in verschiedenen Spalten ein. Nutzen Sie jeweils einen Kalender in jeder Wohnung und tragen Sie beide alle Termine des Kindes in Ihren Kalender ein. Tragen Sie auch die Termine ein, die das Kind mit dem anderen

Elternteil wahrnimmt. So bleiben Sie informiert und das Kind spürt, dass Sie nicht „aus den Augen, aus dem Sinn" mit ihm spielen.

Hier sind Kalender die ich persönlich als gut geeignet empfinde.

Janosch Familientermine 2018

Minions Familienplaner - Kalender 2018

Tipps für die Praxis

In der Scheidungssituation sind Sie beide zu 100 Prozent Eltern. Richten Sie Ihr Leben als Elternteil ein, auch zeitlich und räumlich. Sprechen Sie nicht mit Kumpels darüber, wie sehr Sie Ihr Kind vermissen, sondern rufen Sie Ihr Kind an.

In Kürze

Glückliche Kinder erleben emotionale Stabilität, weil die Eltern sie zu schützen wissen.

Affirmation für die Eltern von glücklichen Scheidungskindern

Ich nehme meine Aufgabe als Vater/ Mutter ernst und erfülle sie mit Freude und Hingabe.

Kinder sind keine Mentoren oder Anwälte

Immer wieder erwarten Eltern von ihren Kindern eine Parteinahme. Das kann auch ohne Scheidung schon passieren und ist schlichtweg ein Tabu. Das Kind empfindet sich als ein Teil des Vaters und als ein Teil der Mutter. Jüngere Kinder haben zudem das Gefühl, jeweils zur Hälfte aus den beiden Elternteilen zusammengesetzt zu sein. Wenn es sich für die eine oder andere Seite entscheiden soll, entscheidet es sich damit gegen eine eigene Hälfte. Es entscheidet sich gegen seine Ganzheit und teilweise gegen sich selbst.

Das salomonische Urteil gilt auch heute noch

Im Alten Testament ist eine solche Situation sehr bildhaft und eingängig dargestellt. Als zwei Frauen zum Priester Salomo kamen, damit er entschied, wem der mitgebrachte Säugling gehören sollte, sprach er ein weises Urteil. Er wollte das Kind in der Mitte teilen. Die echte Mutter schrie entsetzt auf und wollte ihr Kind der anderen Frau, einer Betrügerin, überlassen. Diese hätte nichts gegen eine Teilung einzuwenden gehabt.

Elternliebe bedeutet, dem Kind seine Ganzheit lassen

Wer sein Kind liebt, lässt nicht zu, dass es zerteilt wird. Das ist die Botschaft aus dieser biblischen Geschichte. In diesem Sinne klingt es nahezu lieblos, wenn Eltern sich um Kinder streiten. Da macht es manchmal den Anschein, das Kind sei nicht geliebt sondern nur als Klebstoff für eine Beziehung benutzt worden. Selbstverständlich will niemand sein Kind verlieren. Aber wer will sein Kind behalten, wenn es dadurch Schaden nimmt? Es gilt eine Grundregel: Wenn eine feste Bindung zum Kind besteht, kann die nur sehr schwer erschüttert werden.

Verstecken Sie sich nicht hinter Alibis

Das gilt vor allem für Väter, die als Alibi für Abwesenheit behaupten, die Mutter hätte sich zwischen den Vater und das Kind gestellt. Fragen Sie einen solchen Vater, wie intensiv sein tägliches Bemühen ist, mit dem Kind in Kontakt zu treten. In Zeiten von WhatsApp und anderen Kontaktmöglichkeiten ist das schon mit Grundschülern kein Problem. Er wird sich wahrscheinlich verärgert abwenden. Das ist ein Beweis dafür, dass er sich von seinem Kind scheiden lässt und die Vaterschaft zusammen mit dem Ehering abgelegt hat.

Tipps für die Praxis

Leben Sie tägliche Elternschaft. Der Job oder die neue Flamme können sich nicht zwischen Sie und Ihr Kind stellen, wenn Sie es nicht wollen.

In Kürze

Elternliebe bedeutet, dem Kind die Ganzheit zu lassen. Sprechen Sie sich nicht gegen eine Hälfte Ihres Kindes aus, auch nicht in Form von Schelte für den Partner. Machen Sie dem Kind von Beginn an deutlich, dass Papa und Partner zwei vollkommen verschiedene Rollen sind.

Affirmation für Eltern von glücklichen Scheidungskindern

Mein Kind hat seine Wurzeln in beiden Elternteilen. Ich werde die Wurzeln meines Kindes nicht angreifen.

Kinder dürfen nicht als Druckmittel missbraucht werden

Bleiben Sie ehrlich zu sich selbst. Sicher sind der Zorn auf den Partner und die Enttäuschung über das Scheitern der Lebensvorstellungen groß und mächtig. Doch es sind die Sorgen und Probleme der Eltern. Die Kinder haben rein gar nichts damit zu tun. Einem Kind zu erzählen, dass der Vater nie Zeit hat oder sich lieber um seine neue Frau und seine neuen Kinder kümmern will, dient zwar als ein Ventil für Rachepläne, aber es ist eine verletzende Handlung gegen das eigene Kind. Durch das Ausplaudern von Ehegeheimnissen dem Kind gegenüber wird das Kind emotional manipuliert.

Manipulation des Kindes zahlt sich nicht aus

Das zahlt sich für die Eltern nicht aus, denn der manipulierende Elternteil wird irgendwann entlarvt und riskiert, dass das Kind sich von ihm abwendet. Liebende Eltern manipulieren ihre Kinder nicht. Sie setzen darauf, dass das Kind in der Lage ist, eigenständige Erfahrungen zu sammeln und diese richtig zu verarbeiten. Überhaupt ist es verwunderlich, was Väter und Mütter ihren eigenen Kindern zumuten, nur weil eine Beziehung in die Brüche gegangen ist. Da muss man sich fragen, ob das Kind überhaupt jemals geliebt wurde. Scheidungskinder brauchen, wie andere Kinder auch, das Gefühl, von beiden Eltern geliebt und angenommen zu werden. Dabei spielt es für die Liebe zu einem Menschen keine Rolle, ob man mit ihm in einer Haushaltsgemeinschaft lebt oder in einer anderen Wohnung. In der Praxis ereignen sich leider täglich Dramen um Sorgerecht, Umgangsrecht und Unterhalt.

Kinder haben ein Recht darauf, dass die Eltern das Kindeswohl im Blick haben

Der aggressive und zornige Umgang, den Eltern im Kontext einer Ehescheidung oft an den Tag legen, ist vollkommen indiskutabel. Oft scheinen sie vollkommen vergessen zu haben, dass sie einmal ein Liebespaar waren. Dabei kann niemand den Erwachsenen verbieten, sich zu blamieren und ihre Würde zu verlieren. Doch die Kinder haben einen Anspruch darauf, dass beide Eltern das Kindewohl beachten. Damit ist mehr als Essen und Trinken gemeint. Seelische Stabilität und alle notwendigen Entwicklungsmöglichkeiten gehören auch dazu. Streitende Eltern gefährden dieses Kindeswohl, wenn die Streitereien Grenzen überschreiten, die das Kind belasten und gefährden.

Nutzen Sie die Loyalität Ihres Kindes nicht aus

Das Schlimmste, was einem Kind widerfahren kann, ist, wenn Eltern es als Druckmittel einsetzen. Wenn der Vater oder die Mutter das Kind nicht sehen dürfen, weil Unterhaltsfragen noch nicht geklärt sind, wird es für das Kind traumatisierend. Kinder sind leicht zu beeinflussen. Sie sehen den Kummer der Eltern und wollen daher alles tun, um die Eltern zu trösten. Deshalb besteht das Risiko, dass das Kind versucht, das zu tun, was die Eltern zu erwarten scheinen. Spürt es also, dass die Mutter die regelmäßigen Vaterwochenenden des Kindes nicht mag, wird es dies unter Umständen ganz von selbst anbieten.

Schädigende Einmischung von außen bitte unbedingt vermeiden

Was des einen Freud ist des anderen Leid. Leider stimmt diese Aussage immer. Wenn wir die Augen öffnen und uns der Realität stellen, können wir erkennen, wie egoistisch sich Erwachsene in einer Konflikt- und Scheidungssituation verhalten. Wenn Sie vor einer Scheidung stehen, dann achten Sie auf Ihre Familien und Freunde. Schwiegermütter und Schwiegerväter reiben sich nicht selten die Hände. „Hab ich doch immer gewusst“, kann der unausgesprochene Triumph lauten, wenn man mit der Partnerwahl des eigenen Kindes nicht einverstanden war. Viele Schwiegermütter, die selbst unter dem Empty-Nest-Syndrom leiden, bieten sofort ihre Dienste als Kinderbetreuung an. Stopp! Das Scheidungskind braucht keine neuen Bezugspersonen, die womöglich noch ein Elternteil schlecht machen. Das Scheidungskind braucht, wie jedes andere Kind auch, seine eigenen Eltern, seinen Vater und seine Mutter. Damit müssen Eltern sich auseinandersetzen. Ein Scheidungskind darf nicht von Erwachsenen missbraucht werden, um die eigene Leere im Leben füllen.

Tipps für die Praxis

In einer Scheidungssituation sollten Sie so viel Zeit wie möglich mit dem Kind verbringen. Wenn das Kind schon älter ist, organisieren Sie die Freizeit des Kindes so, dass es Kontakte zu seiner Peergroup pflegt. Halten Sie Außenstehende wirklich außen vor.

In Kürze

Wenn ein Kind als Druckmittel missbraucht wird, verliert es sein Selbstvertrauen und wird damit zu einem Funktionsträger. Das kann schwere Schäden in der Psyche des Kindes hinterlassen.

Affirmation für Eltern von glücklichen Scheidungskindern

Ich nutze die neue Situation, um mir ein eigenes Umfeld zu schaffen und bin frei von unfairem Umgang mit meinem/ meiner Ex. Ich freue mich auf das, was das Leben mir in Zukunft zeigt.

Kleinkinder und Scheidung

Kinder unter drei Jahren sind noch sehr an die Mutter gebunden. Der Bezug zum Vater ist manchmal noch gar nicht gefestigt. Aber gerade Kleinkinder nehmen alle seelischen Prozesse wahr, die die Mutter erlebt. Es reagiert sehr empathisch. Wenn die Mutter also ständig traurig, zornig oder verzweifelt ist, wird das Kind das merken. Sicher sollten Eltern ehrlich mit ihren Kindern umgehen. Gefühle zu verdrängen oder zu unterdrücken ist keine gute Lösung. Aber Ehrlichkeit bedeutet auch, sich mit seinem eigenen erwachsenen Schmerz vom Kind abzugrenzen.

Eltern und Kinder leben in verschiedenen Erlebenswelten

Vieles aus der Welt der Erwachsenen ist für das Kind nicht begreifbar. Das Kind wird überfordert. Erklären Sie dem Kind, dass die Trennung vom Vater eine Trennung von einem Partner ist, wie sie nur Erwachsene kennen und erleben. Wenn das Kind noch zu klein ist, um das zu verstehen, dann üben Sie sich in Selbstdisziplin. Durchlaufen Sie Ihre Trauerreaktionskette gezielt. Mütter und Väter von Kindern unter drei Jahren sollten sich unbedingt therapeutische Begleitung suchen, die eine Entlastung darstellt und genau auf das Thema

Elternschaft trotz Trennung eingehen kann. Freunde, Kumpels und Verwandte sind in solchen Fällen selten gute Ratgeber.

Spielen Sie mit offenen Karten.

Wenn Sie mit Ihrer Scheidungssituation im Umfeld offen und sachlich umgehen, können Unsicherheiten für das Kind vermieden werden. Mit einer geplanten Hochzeit gehen viele gern und voller Freude nach außen. Sie wollen anderen von ihrem Glück berichten. Sogar Zeitungsanzeigen werden geschaltet. Mit Scheidungen ist das leider anders. Kaum jemand erzählt direkt und zeitnah, was los ist. Wer Kinder hat, sollte im Kindergarten sofort offen darlegen, welche Situation zurzeit gegeben ist. Nur so können Erzieher und andere Menschen aus dem Umfeld sich vielleicht erklären, warum das Kind abgelenkt ist oder sich anders verhält als sonst. Vereinbaren Sie ein Gespräch, bleiben Sie sachlich. Sie haben vorher keine privaten Informationen verstreut, lassen Sie es jetzt auch bleiben. Ein Kleinkind hat kaum Möglichkeiten, sich zu artikulieren. Es kann nur durch Unruhe oder im schlimmsten Fall durch körperliche Symptome zeigen, dass seine kleine Welt ins Wanken geraten ist.

Lassen Sie sich nicht aus der Ruhe bringen

Nehmen Sie die Botschaften, die Ihr Kind Ihnen sendet, ernst. Wenn Ihr Baby keine Erkrankung hat und trotzdem unter Schlafstörungen, Quengeligkeit und Appetitstörungen leidet, braucht es vielleicht wieder einmal eine Bestärkung für sein Urvertrauen. Als Mutter sollten Sie in einem solchen Fall mit dem Vater des Kindes sprechen. Nehmen Sie sich eine Auszeit vom Scheidungskrieg. Eine Trennung ist sehr einschneidend und belastend, doch diese Krise kann überwunden werden.

Es gibt auch ein Leben neben der Scheidung

Machen Sie einen Wochenendausflug mit Ihrem Kind, wenn es Ihnen möglich ist. Entspannen Sie sich und gönnen Sie sich Erholung zu zweit. Und lassen Sie für 48 Stunden das Smartphone aus. Manchmal werden Situationen auch dadurch verschärft, dass der nötige Abstand fehlt. Intensivieren Sie die emotionale Verbindung zu Ihrem Kind. Sie machen Ihr Kind damit ein bisschen glücklicher und sich sicher auch.

In Kürze

Es gibt ein Leben neben der Scheidung. Mit Ihrer Ehe ist nur ein Aspekt Ihres Lebens ins Wanken geraten. Elternschaft bleibt Ihnen erhalten.

Tipps für die Praxis

Nutzen Sie die Abwesenheit Ihres Partners und verbringen Sie viel Zeit mit Ihrem Kleinkind. Legen Sie jetzt einen wichtigen Grundstein für eine langfristig gute Eltern-Kind-Beziehung. Kommen Sie mit Ihrem Kind gemeinsam zur Ruhe.

Affirmation für Eltern von glücklichen Scheidungskindern im Kleinkindalter

Ich nehme mir die Zeit und die Freiheit, an einer tiefen Verbindung zwischen mir und meinem Kind zu arbeiten.

Schulkinder und Scheidung

Wenn Schulkinder von der Scheidung ihrer Eltern betroffen sind, gibt es neben vielen emotionalen Aspekten auch zahlreiche organisatorische Fragen zu klären. Selbstverständlich sollte das Kind in der Schule bleiben können, die es besucht. Viele Eltern wünschen sich nach einer Trennung einen vollständigen Neuanfang und ziehen weit vom Wohnort weg. Damit übersehen sie das Kind leider. Denn das Kind braucht keinen Neuanfang. Stattdessen muss dem Kind Sicherheit gewährt werden. Die beste Möglichkeit ist, wenn das Kind in seiner gewohnten Umgebung bleiben kann. Schließlich bilden die Schulfreunde und oft auch Lehrpersonen einen Teil des sicheren Rahmens, in dem das Kind sich bisher bewegt hat. Oft reagieren Kinder mit nachlassenden Leistungen, wenn zuhause etwas nicht in Ordnung ist. Als Eltern sollten Sie sich die Zeit nehmen, regelmäßig mit dem Kind über die schulischen Erlebnisse zu sprechen. Hören Sie ihm zu. Wahrscheinlich haben Sie wirklich etwas anderes im Kopf, aber das ist nicht wichtiger.

Kinder brauchen ihren eigenen Raum zum Reifen

Viele Eltern spielen die Erlebniswelt der Kinder herunter, wenn sie unter Druck stehen. Kindergedanken sind keine Kindereien. Sie sind ernst zunehmende Erlebnisse und Erfahrungen, die die Kinder für Ihre Entwicklung und Ihre Reifung brauchen. Reifung und Entwicklung sind die Hauptaufgaben, die jedes Kind in der Kindheit zu erledigen hat. Eltern sollten ihre Kinder nicht daran hindern, ihre Aufgaben zu erfüllen.

Schützen Sie Ihr Kind vor emotionalen Kompromissen.

Und so schwer es Ihnen fällt, machen Sie Ihr Kind glücklich, indem Sie an Schulveranstaltungen gemeinsam teilnehmen. Elternabende und Sommerfeste sind für beide Eltern gemacht. Das Kind wird Ihnen dafür dankbar sein, auch wenn es das nicht direkt erkennen lässt. Das gleiche gilt auch für die Geburtstage des Kindes und andere wichtige Anlässe. Ein Kind gehört zu beiden Eltern. Zwingen Sie Ihr Kind nicht dazu, sich schon in jungen Jahren mit emotionalen Kompromissen abzufinden. Das kann in den späteren Jahren zu Resignation und fehlendem Vertrauen in andere Menschen führen.

In Kürze

Gestehen Sie Ihrem Kind zu, dass Kindheit eine Aufgabe ist, die ernsthafte Kompetenzen erfordert. Muten Sie Ihrem Kind keine emotionalen Kompromisse zu.

Tipps für die Praxis

Verbringen Sie einmal im Quartal einen Tag zusammen. Geben Sie dem Kind das Gefühl, beide Eltern an einem Tisch zu haben. Dass Sie das Bett nicht mehr teilen, hat mit Elternschaft nichts zu tun.

Affirmation für Eltern von glücklichen Schulkindern

Es macht Freude, das Kind auf dem Weg durch die Kindheit zu begleiten und ich genieße diese Chance.

Jugendliche und Scheidung

Viele Eltern warten die längst fällige Scheidung ab, bis die Kinder im Jugendalter sind. Doch das ist eine besonders heikle Entscheidung. Denn Jugendliche sind nicht „schon groß“. Sie definieren sich gerade selbst und glauben zum Beispiel an die große Liebe. Eltern, die sich scheiden lassen, wenn die Kinder in der Pubertät sind, brauchen besonders viel Feingefühl und Geschick, um ihre Kinder nicht frühzeitig zu verlieren. Selbstverständlich lässt sich ein Zeitpunkt für einen unüberwindbaren Ehekonflikt nicht im Vorfeld bestimmen. Doch zu warten, bis die Kinder zu Jugendlichen geworden sind, ist eine vollkommen falsche Entscheidung. Die Jugendlichen sind unter Umständen tief enttäuscht von den Eltern und fressen ihren Frust in sich hinein. Es wird schwer sein, sie zu erreichen. Das gilt vor allem für Eltern, die sehr stark mit sich selbst beschäftigt sind. Sprechen Sie unbedingt mit Ihren Kindern. Stellen Sie sie nicht vor vollendete Tatsachen. Für Jugendliche ist das harmonische Elternhaus das Sprungbrett in das eigene Leben. Wenn dieses Sprungbrett zerstört ist, geht den Kindern unter Umständen der Schwung verloren. Jugendliche werden wahrscheinlich zuerst nur cool wirken und mit den Schultern zucken, wenn Sie von der Entscheidung der Eltern hören. Doch in ihnen sieht es vielleicht ganz anders aus.

Scheidung stört das Weltbild von Teenagern

Gerade haben sie sich frisch verliebt und träumen von einer ewigen Bindung. Sie haben bisher vielleicht die Ehe der Eltern als Vorbild gesehen. Nun ist das Vorbild nichts mehr als ein Scherbenhaufen. Das ist anstrengend für junge Menschen in der Selbstfindungsphase. Je offener die Eltern mit den Jugendlichen sprechen, umso eher können Sie verhindern, dass die Kinder alles in sich hineinfressen und dadurch seelische Störungen entwickeln. Aber machen Sie nicht den Fehler, Ihre Kinder als „beste Freunde" zu sehen. Das würde den Kindern kurzfristig schmeicheln und sie mittel- und langfristig überfordern. Denn wenn Vater und Mutter plötzlich zu Kumpeln werden, verliert das Kind seine Eltern. Elternschaft ist etwas anderes als eine Freundschaft.

Tipps für die Praxis

Nehmen Sie Jugendliche nicht zu ernst. In ihnen tobt ein Hormonkarussell und die Eltern müssen das aushalten. Jugendliche brauchen sehr viele Freiräume, um ihren Horizont zu erweitern. Aber bei Bedarf brauchen sie Eltern, die nahe zu rund um die Uhr ansprechbar sind.

In Kürze

Für Jugendliche ist das harmonische Elternhaus das Sprungbrett in das eigene Leben. Wenn dieses Sprungbrett zerstört ist, geht den Kindern der Schwung verloren. Wenn die Eltern sich ihren jugendlichen Kindern als „beste Freunde“ anbieten, verlieren die Kinder ihre Eltern.

Affirmation für Eltern von glücklichen Jugendlichen

Ich baue mir ein eigenes soziales Netz auf und kann meinem Kind weiter als Elternteil zur Seite stehen.

Schlusswort

Liebe Leserin, lieber Leser,

vielen Dank, dass Sie dieses Buch gelesen haben. Ich wünsche Ihnen das Beste für alle Beteiligten in Ihrer schwierigen Situation. Seien Sie der beste Elternteil der Sie sein können.

Impressum:

T.Breise

c/o Autoren.Services

Zerrespfad 9

53332 Bornheim

tbreise.buch-autoren.de

tbreise@tbreise.buch-autoren.de

Bilder: Shutterstock com Photography

Email Newsletter

Anmeldung per Email um über Neuerscheinungen und News informiert zu werden, bitte eine Email an

newsletter@tbreise.buch-autoren.de senden.

Gratis Ebook zum schmökern

Hier ist der Link zu einem meiner Ebooks, dass nach eintragen in meiner Emailliste gratis heruntergeladen werden kann.

http://breiseebook.buch-autoren.de

Printed in Germany
by Amazon Distribution
GmbH, Leipzig

18804562R00034